Melanie Baschin

Komparative Analyse zur Finanzpolitik der Wohlfahrtsstaaten Deutschland und Schweden

GRIN Verlag

Bibliografische Information der Deutschen Nationalbibliothek:

Die Deutsche Bibliothek verzeichnet diese Publikation in der Deutschen National-
bibliografie; detaillierte bibliografische Daten sind im Internet über http://dnb.d-
nb.de/ abrufbar.

Impressum:

Copyright © 2007 GRIN Verlag GmbH
Druck und Bindung: Books on Demand GmbH, Norderstedt Germany
ISBN: 978-3-640-41249-5

Dieses Buch bei GRIN:

http://www.grin.com/de/e-book/134204/komparative-analyse-zur-finanzpolitik-der-
wohlfahrtsstaaten-deutschland

Universität Greifswald

Institut für Politikwissenschaft

Melanie Baschin

Komparative Analyse zur Finanzpolitik der Wohlfahrtsstaaten Deutschland und Schweden

Hauptseminararbeit zur
Vergleichenden Politikwissenschaft

Sommersemester 2007

Hauptseminar: Der Wohlfahrtsstaat im Ostseeraum

Magister Politikwissenschaft (HF), Skandinavistik (HF)

Inhaltsverzeichnis

1. Einleitendes

Ausgehend von der zentralen Fragestellung „Ist die schwedische Finanzpolitik auch nach der zweiten globalen Konjunkturkrise 2000/ 2001 effektiver als die deutsche Finanzpolitik?" und der die Forschung leitenden Hypothese „Schwedens Finanzpolitik handelt expansiver und reagiert auf extrinsische Konjunktureinbrüche angemessener" beschäftigt sich die Arbeit mit dem Ländervergleich Deutschland – Schweden. Die komparative Analyse zur Wohlfahrtsstaatlichkeit der Länder Deutschland und Schweden ist klassisch und demgemäß Gegenstand zahlreicher Aufsätze und Studien[1]. Nicht zuletzt deshalb, da Schweden als der klassische Prototyp des sozialdemokratischen Wohlfahrtsstaates gilt mit seinen fast durchgängig sozialdemokratischen Regierungen seit 1932 bis 1991, mit Ausnahme von 1976 bis 1982 mit bürgerlichen Parteien in der Regierung. Demgegenüber gilt Deutschland als ein klassisch konservativer Wohlfahrtsstaat und zeichnet sich v.a. als Sozialversicherungsstaat sowie durch Wohlfahrtsverbände aus. Als Sozialstaat spielt die Bundesrepublik von ihrer Leistung her eher im europäischen Mittelfeld und kann sich vom schwedischen Modell noch etwas abschauen um „aufzusteigen", so jedenfalls der einschlägige Tenor der Fachaufsätze. Um den Bereich des Untersuchungsgegenstandes für eine adäquate Vergleichsanalyse einzugrenzen, soll nur das Politikfeld der Finanzpolitik in Deutschland und Schweden verglichen werden, da dieses Politikfeld am deutlichsten die unterschiedlichen Potentiale zwischen parteipolitischem Anspruch und realpolitischen Ergebnissen aufzeigt. Die Arbeit knüpft an Wintermanns Forschungsarbeit an, sein untersuchter Zeitraum für den Bereich der Finanzpolitik beider Länder beschränkt sich auf die Jahre 1990-2000, in dieser Arbeit wird weiterführend der Zeitraum 2000-2006 (aktuellste Datenverfügung) untersucht, um festzustellen, ob Wintermanns positive Schlussfolgerungen für Schweden auch heute noch gültig sind. Der Darstellungsprozess dieses Vergleichs erfolgt in drei Schritten: Der erste Teil umfasst eine Definition des Forschungsgegenstandes, eine Typisierung von Wohlfahrtsstaaten sowie die Zuordnung beider Länder. Der zweite Teil behandelt die länderspezifische Finanzpolitik theoretisch für 1990-2000 und empirisch für 2000-2006. Im dritten Teil werden die Vergleichsergebnisse bewertet und analysiert, um die Hypothese zur Beantwortung der Forschungsfrage verifizieren oder falsifizieren zu können. Das Vergleichspaar wurde nach dem most-similar-system-design ausgewählt für einen möglichst repräsentativen Vergleich. Im Anschluss hieran folgen Definitionen für die Termini Wohlfahrtsstaat und Finanzpolitik, da sie den Bereich des Untersuchungsgegenstandes dieser Arbeit bilden.

---

[1] Z.B. Josef Schmid, Ole Wintermann.

2. Begriffsklärung und Definition des Untersuchungsgegenstandes

Der Terminus Wohlfahrtsstaat findet in der Literatur keine einheitliche Kennzeichnung, sondern wird verschieden ausgelegt, da sich bereits sprachlich historische, politische und kulturelle Entwicklungsunterschiede widerspiegeln. Bei dem Begriff des Wohlfahrtsstaates handelt es sich um einen „Kunstbegriff", der in der vergleichenden Sozialwissenschaft eingeführt wurde zum Zwecke der Verwendung von Variablen statt Eigennamen, was eine der wesentlichen Voraussetzungen der vergleichenden Methodenlehre ist (Schmid/ Niketta 1998: 14). „Den" Wohlfahrtsstaat gibt es also nicht, was bei der Analyse zu berücksichtigen ist. Für diese Arbeit wird eine Einteilung nach Josef Schmid herangezogen, wonach der Begriff Wohlfahrtsstaat abzugrenzen sei von den Termini Sozialstaat und Sozialpolitik und vorwiegend als empirische Kategorie zur Analyse der Aktivitäten moderner Staaten gelte. Der Begriff des Sozialstaates hingegen beinhalte eine Fokussierung auf die rechtlich-normative Dimension, bspw. in Abgrenzung zum Rechtsstaat, während Sozialpolitik vorwiegend ein politisches Handlungsfeld aus speziellen Programmen und Akteuren bezeichne (Schmid 2000: 2). Da die Regelungen und Leistungen eines Wohlfahrtsstaates nach Raum und Zeit erheblich differieren, wird der Untersuchungsgegenstand qua Definition konstruiert, um anschließend analysiert werden zu können. Schmid schlägt die Definition Jens Albers vor:

> „Der Begriff <Wohlfahrtsstaat> (welfare state) charakterisiert als deskriptives Konzept einen bestimmten Typus der Staatstätigkeit. Er kennzeichnet Länder, in denen der Staat eine aktive Rolle in der Steuerung wirtschaftlicher und gesellschaftlicher Abläufe übernimmt und einen beträchtlichen Teil seiner Ressourcen sozialpolitischen Zwecken widmet, die der Förderung nach einer größeren Gleichheit der Lebenschancen in den Dimensionen Einkommenssicherung, Gesundheit, Wohnen und Bildung dienen. In der Verwendung des Konzepts schwingt eine Verpflichtung des Staates auf eine umfassende Politik des Ausbaus sozialer Staatsbürgerrechte mit, die sich nicht mit der Sicherung von Konsumchancen begnügt, sondern auch eine Förderung von Wirtschaftswachstum und Vollbeschäftigung anstrebt und den Abbau ungleicher Teilnahmechancen am gesellschaftlichen und politischen Leben zum Ziel erhebt" (Alber 1996: 705).

Der Finanzpolitik gilt folgende Definition:

> „Die Finanzpolitik ist ein Politik-Bereich, der sich mit den Einnahmen und Ausgaben des Staatshaushaltes beschäftigt. Sie nutzt die Erkenntnisse der Finanztheorie und setzt sie in konkretes politisches Handeln um. Dazu gehört die Festlegung der Steuern und Subventionen, ggf. Aufnahme neuer Kredite und die Verabschiedung eines Haushaltes" (Schubert/ Klein 2006: 107).

Auch dies ist eine allgemeine Definition und es gilt, die länderspezifischen Unterschiede zu berücksichtigen.

2.1. Die drei Typen der Wohlfahrt nach Esping-Andersen

Die allgemeine Definition des Wohlfahrtsstaates wird hier ergänzt durch Esping-Andersens differenzierte Typisierung wohlfahrtsstaatlicher Regime, nach der Deutschland als konservativer und Schweden als sozialdemokratischer Wohlfahrtsstaat einzustufen sind. In seinem Werk *The three worlds of welfare capitalism* unterscheidet Esping-Andersen drei Typen von Wohlfahrtsstaaten, welche die jeweiligen unterschiedlichen politökonomischen Systeme der Staaten widerspiegeln. Als wesentliches operationales Differenzierungskriterium führt Esping-Andersen den Grad der „Dekommodifizierung" ein, d.h. der relativen Unabhängigkeit von den Zwängen und Risiken kapitalistischer Märkte, insbesondere des Arbeitsmarktes. Der universalistische, sozialdemokratische Wohlfahrtstyp weist demnach eine hohe Unabhängigkeit vom Markt auf. Soziale Bürgerrechte bilden die Anspruchsgrundlage und es wird Versorgung auf höchstem Niveau angestrebt, allerdings verbunden mit hohen Sozialausgaben. Durch den hier stärksten Grad der Dekommodifizierung soll ein relativ hohes Maß an sozialer Gleichheit erzeugt werden, zugleich sind die Bemühungen um eine aktive Politik der Vollbeschäftigung am stärksten ausgeprägt. Dieser Typus wird vor allem in Norwegen, Schweden und Dänemark realisiert. Der liberalistische Typ hingegen zeichnet sich durch niedrige soziale Anspruchsrechte aus, verbunden mit individueller Bedürftigkeitsprüfung und geringen sozialen Leistungen. Der Markt ist bestimmend, der Grad der Dekommodifizierung eher niedrig. Vertreter dieses Typs sind die USA, Kanada und Großbritannien.

Im korporatistischen, konservativen Wohlfahrtsstaat wird stärker durch den Staat interveniert, doch dies ist meist temporär begrenzt und stark sozialversicherungszentriert. Staatspolitische, paternalistische Gründe führten dazu, dass soziale Rechte stark an Klasse und Status gebunden sind. Der Grad der Dekommodifizierung erreicht im Durchschnitt ein mittleres Niveau, variiert jedoch in Abhängigkeit vom Beschäftigungsstatus. Beispielländer hierfür sind Deutschland, Österreich, Frankreich und Italien (Vgl. Schmid/ Niketta 1998: 16-17).

Zwar wurde Esping-Andersens Ansatz mittlerweile mehrfach kritisiert und ergänzt, dennoch avancierte seine Typologie zur Grundlage der vergleichenden Wohlfahrtsstaatsforschung und soll für diese Arbeit vorläufig im Sinne von Realtypen genügen. Die unterschiedlichen Modelle des Wohlfahrtsstaates sind lange stabil geblieben, so sind bspw. in Deutschland trotz aller Regimewechsel vom Kaiserreich über die Weimarer Republik, das Dritte Reich und die Bundesrepublik die basalen Merkmale des Modells erhalten geblieben. Die jeweiligen Entwicklungspfade wurden in ihrer Grundlegung auch nicht durch Wahlen verändert. Waren die Welten der Wohlfahrt besonders für die „goldene Phase" der 60er und 70er Jahre belegt, besitzen die Modelle auch Gültigkeit für die 80er und 90er Jahre, in denen „die Krise des Wohlfahrtsstaates bzw. der Abbau von Leistungen die Diskussion und die praktizierte Politik dominierten." (Schmid 2000: 6). Je nach Typ traten unterschiedliche Reaktionen und Effekte durch die Krisen auf (ab Kapitel 3.1.).

2.2. Der konservative Wohlfahrtsstaat Deutschland

Die Einführung der Sozialversicherungsgesetze[2] in den 1880er Jahren unter dem damaligen Reichskanzler Bismarck als politische Antwort auf ökonomische und soziale Probleme im Zuge der Industriellen Revolution sollten „der Gefahr einer Revolution aus dem 'sozialdemokratischen Lager' entgegenwirken" (Schmid 2002: 105). Allerdings reichten die Absicherungen durch die Sozialversicherungen in ihren Anfängen für die Befriedigung grundlegender Lebensbedürfnisse nicht aus. Darüber hinaus waren die Versicherungsstrukturen auch nicht als soziale Mindestsicherung für alle Bürger gedacht, sondern einzig für die Arbeitnehmer entworfen. Daraus erklärt sich der „enge Bezug zwischen Beitragshöhe und Leistung, was größere umverteilende Elemente oder gar eine Mindestsicherung für alle Staatsbürger weitgehend ausschließt" (Schmid 2002: 106). Bis heute hat sich daran kaum etwas geändert, nach Esping-Andersens Klassifizierung zählt Deutschland daher zu den konservativen Wohlfahrtsstaaten. Nach Ende des Zweiten Weltkrieges erfuhr das deutsche Sozialversicherungssystem eine signifikante Erweiterung hinsichtlich Art und Umfang der Leistungen, auch der Empfängerkreis erweiterte sich. Dabei blieb das ursprüngliche Vier-Stützpfeiler-System in seinen Grundzügen bis heute bestehen. Phasen der Reformen traten ab den späten 1950er Jahren auf, so wurde 1957 mit der Reform der Rente das Prinzip der beitragsäquivalenten und einkommensbezogenen Absicherung verankert. Zwischen 1969 und 1975 wurde unter einer sozialliberalen Regierung der Bereich der Sozialpolitik systematisch erweitert, z.B. mit der Einführung von Arbeitslosengeld und - hilfe als Ergänzung der Arbeitsmarktpolitik. Mit der Öl- und Wirtschaftskrise 1973/74 erfuhr die deutsche Sozialpolitik Einschnitte und Kürzungen, die Einnahmen des Staates sanken, während zeitgleich die Ausgaben mit zunehmender Arbeitslosigkeit und demographischer Verschiebung anstiegen. 1990 stellte die Wiedervereinigung die Bundesrepublik vor finanzielle und regulative Herausforderungen, doch hier bewies das Sozialsicherungssystem

---

[2] Krankenversicherung 1883, Unfallversicherung 1884, Alters- und Invalidenversicherung 1889, Arbeitslosenversicherung 1927.

ein evidentes Maß an Leistungsfähigkeit und Kontinuität, da „alle relevanten Institutionen sowie umfangreiche Finanzmittel nach Ostdeutschland transferiert" wurden (Schmid 2002: 106-107). Insgesamt weist die Geschichte des Wohlfahrtsstaates in der Bundesrepublik neben seiner historischen Verankerung im vorvorigen Jahrhundert und der Beharrlichkeit seiner charakteristischen Strukturen drei Aspekte auf, die sich auch in den anderen westlichen Industrieländern zeigen: Expansion, Differenzierung und Wandel (bei Konstanz der typischen Merkmale). Die Ausweitung der sozialen Sicherungssysteme bewirkte, dass mittlerweile über 90 Prozent der deutschen Bevölkerung gegen Standardrisiken wie Alter, Invalidität, Krankheit und Arbeitslosigkeit abgesichert sind (Schmid 2000: 7).

2.3. Der sozialdemokratische Wohlfahrtsstaat Schweden

Die Sozialdemokraten (SAP – Sveriges Socialdemokratiska Arbetarpartiet) bildeten in der schwedischen Regierung der vergangenen Jahrzehnte bis heute die Mehrheit (mit wenigen Ausnahmen), daraus resultiert denn auch die gefestigte Deklaration der kleinen Volkswirtschaft als sozialdemokratischer Wohlfahrtsstaat. Das Grundverständnis dieser Kausalität zeichnete sich ab den frühen Dreißiger Jahren vor allem durch drei zentrale Termini aus: Der Begriff des schwedischen Volksheims, der auf „pragmatische und zivile politische Handlungen" abzielt und nicht zu verwechseln ist mit der deutschen Volksgemeinschaft mit ihren „mythisch-völkischen Beimengungen", hat einen hohen symbolischen Gehalt. Dieser resultierte „von Anfang an aus der marxistischen, aber evolutionären Pragmatik der Arbeiterbewegung [...] mit einer bäuerlichen Wurzel von Staat und Gesellschaft" (Henningsen/ Stråth 1995: 224).

Das Besondere hierbei ist die gesellschaftliche Integration antagonistischer Kräfte, d.h. einerseits alte, bäuerlich-bürgerliche Traditionen, andererseits neue, sozialistische Traditionen, welche in den 1930er Jahren einen ökonomischen und gesellschaftlichen Rationalisierungs- und Modernisierungsschub zur Folge hatte. „Politik des Kompromisses" und „Konsensdemokratie" sind demnach keine zufällig affirmativen Begriffe für das schwedische Modell seit den 1950er Jahren. Demgegenüber gelten andere europäische Modelle als Negativum, z.B. das britische Modell eines liberalen Wohlfahrtsregimes, in welchem die „Modernisierung von Politik und Gesellschaft vor dem Hintergrund einer desintegrativen Symbolik" hinauslief (Henningsen/ Stråth 1995: 225).

Das schwedische Erfolgsrezept lässt sich als Einheit politischer Theorie und Praxis im Wohlfahrtsstaat zusammenfassen. Ein weiterer zentraler Terminus ist die soziale Sicherheit als Bürgerrecht und meint Sozialpolitik für alle, dies heißt im Vergleich zu anderen europäischen Ländern Allgemeinheitsprinzip statt Versicherungsprinzip, universelles Sozialsicherungssystem statt kategorielles System, und vor allem wird der Rechtsanspruch auf Leistungen zum basalen Merkmal des Wohlfahrtsstaates und hebt sich somit vom Sozialstaat ab, in welchem soziale Leistungsansprüche und das Prinzip der Subsidiarität eine Rolle spielen[3]. Der dritte zentrale Terminus ist der „starke Staat" als Überzeugung eines marxistisch-sozialistischen Politikverständnisses trotz „früher Abkehr der schwedischen Arbeiterbewegung von der marxistischen Orthodoxie" (Henningsen/ Stråth 1995: 226). Das hierbei auftretende Problem liegt in der Missinterpretation durch diesen Terminus. Schwedens konsequent betriebene Zentralisierungspolitik (z.B. in der Wirtschaft und im Aufbau einer großindustriellen Infrastruktur), vor allem in den 1930er Jahren und die sozialpolitischen Reformprogramme der Fünfziger Jahre, identifizierte diese sozialdemokratisch geprägte Staatsauffassung als marxistischen Etatismus. Die daraus resultierende Kritik und der Vorwurf am sozialdemokratischen Wohlfahrtsstaat als „neue Form des Totalitarismus" oder „Wohlfahrts-Diktatur" waren so haltlos wie falsch. „Moderne Variante des paternalistischen aufgeklärten Absolutismus" trifft es besser (Henningsen/ Stråth 1995: 228). Tatsache ist, dass unter diesem Begriff konkrete Realisierungen standen, wie bspw. eine Rentensystemreform, eine kompromisslose Einführung des Zusatzrentensystems, eine Umstellung auf den Rechtsverkehr im Straßenverkehr trotz Negativ-Referendum zehn Jahre zuvor und ein wirtschaftlicher, von den Gewerkschaften initiierter Modernisierungsprozess zugunsten großer Unternehmungen mit Expansionspotential. Doch zum Nachteil sowohl kleinerer als auch mittelständischer Unternehmen, die zur Strukturreform gezwungen waren. Dieser Transformationsprozess ab den Fünfziger Jahren ist auch die Ursache für einen fehlenden Mittelstand in Schweden (Henningsen/ Stråth 1995: 227ff.). Wesentliche politische und soziale Veränderungen fanden in den 1980er Jahren statt: Neue Wertemuster verdrängten die Vorstellung vom starken Staat, Kritiker sprechen von einer tendenziellen Abkehr vom Wohlfahrtsstaat bzw. von einem sukzessiven Verfall des schwedischen Modells, gar der Auflösung seiner Einzigartigkeit aufgrund einer sich ausbreitenden Haushaltskrise, der generellen ökonomischen Krise sowie der sich politisch-intellektuell verändernden ideologischen Rahmenbedingungen zugunsten europäischer subsidiärer Lösungen (Henningsen/ Stråth 1995: 231ff). Das nächste Kapitel behandelt die

---

[3] Erst ab 1992 wird in Schweden das soziale Versicherungssystem subsidiarisiert als Folge des Beitrittsantrages in die EU 1991.

Finanzpolitik beider Wohlfahrtsstaatstypen, zuvor werden jedoch allgemein die wichtigsten Aufgaben und Ziele staatlicher Finanzpolitik genannt.

3. Aufgaben und Ziele staatlicher Finanzpolitik

Staatliche Finanzpolitik ist eine öffentliche, streitfähige und für die Gesellschaft wichtige Angelegenheit und ist Teil der staatlichen Wirtschaftspolitik. Sie dient aber auch anderen Politikbereichen, wenn dort öffentliche Mittel eingesetzt werden, z.B. in der Beschäftigungs-, der Sozial- und Familienpolitik, der Bildungs- und Forschungspolitik als auch in der Verkehrs- und Landwirtschaftspolitik. Über die Finanzpolitik nehmen der Staat und die Kommunen Einfluss auf die Höhe und die Struktur des Einkommens und Vermögens der Gesamtwirtschaft und ihrer Bestandteile über das Instrument der öffentlichen Haushalte, also über die öffentlichen Einnahmen und Ausgaben. Die größte Anforderung an die Finanzpolitik und ihre Akteure ist es, verschiedene Interessen, Anforderungen, Wünsche, Konflikte, Vorschriften und Verpflichtungen so miteinander in Einklang zu bringen, dass größtenteils von allen Seiten Einigung erreicht wird über einen gefundenen Kompromiss. Wichtigste Ziele sind die Allokation für einen funktionierenden Güter- und Warenaustausch, eine gerechte und konsensfähige Verteilung von Einkommen und Vermögen in der Gesellschaft sowie die Stabilisierung der Wirtschaft mittels staatlicher Intervention (Bajohr 2003: 13 ff.).

3.1. Zur Finanzpolitik in Deutschland und Schweden 1990-2000

Für den Vergleich der finanzpolitischen Krisen mittels Indikatorenmessung und ihrer Bewältigung in den 1990er Jahren resümiert Wintermann in seiner Auswertung unter Berücksichtigung der unterschiedlichen Potenziale beider Wohlfahrtsstaaten zu politischen Reaktionen und Entwicklungen, dass in Schweden die Finanzkrise kurzfristig und unerwartet eintraf, während in Deutschland ein langfristiges Ausweiten der Finanzierungsproblematik vorlag, aufgrund der Wiedervereinigung beider deutscher Republiken 1990. Dennoch seien beide Krisen vom Umfang der Gesamtverschuldung her, bezogen auf das jährliche Bruttoinlandsprodukt, vergleichbar. Diese Krisen ordnet Wintermann als Folge „politischer Managementfehler" nach der weltweit einsetzenden Rezession Anfang der 1990er Jahre ein. Die staatlichen Einnahmen gingen bei gleichzeitig steigender Arbeitslosigkeit zurück, dies erhöhte vor allem in Deutschland den Druck auf die Ausgabenseite durch Leistungszusagen der Sicherungssysteme (Wintermann 2005: 264). Im Folgenden wird auf die jeweiligen länderspezifischen Hintergründe eingegangen.

3.1.1. Deutschland

War der finanzpolitische Kurs in den 1980er Jahren bis zur Wiedervereinigung 1990 von Konsolidierungsbemühungen und gewissen marginalen Erfolgen (Senkung der Staatsquote, Bundeshaushaltsentwicklung) gekennzeichnet, war die Finanzpolitik in den 90er Jahren von „Wiedervereinigungslasten" wie dem Aufbau einer Infrastruktur oder der sozialen Förderung der gewerblichen Wirtschaft geprägt als Folge falsch gewählter Finanzierungsmittel und Einschätzung finanzieller Lasten. Das tatsächliche Ausmaß der notwendigen Finanzaufwendung hinderte die damalige Bundesregierung aus wahltaktischen Gründen nicht daran, auch weiterhin Steuererhöhungen auszuschließen. Statt dieser sollten Nebenhaushalte, Sonderfonds und einer Erhöhung indirekter Steuern[4] die gravierenden Kosten auffangen, so dass die damalige SPD-Opposition, die ihrerseits Steuererhöhungen vorschlug, der Regierung unsolides Finanzmanagement vorwarf (Wintermann 2005: 176-177).

Ab 1992 setzte auf Druck des liberalen Koalitionspartners eine gewisse Form von Sparpolitik ein, da die Bundesregierung bis zu diesem Zeitpunkt nach wie vor Verschuldung statt eine Steuererhöhung als Finanzierungsinstrument der Wiedervereinigung bevorzugte.

So wurden eine langfristige Einführung des Solidaritätszuschlages ab 1995, moderate Ausgabenkürzungen im Sozialbereich, Abbau von Steuervergünstigungen und eine Reform der Leistungsseite der Arbeitslosenversicherung realisiert. Da jedoch ein langfristiger Erfolg ausblieb, kam es zum ersten Mal zu massiven Kürzungen der Ausgaben im Sozialbereich als Folge der Verabschiedung des Ersten und Zweiten Gesetzes zur Umsetzung des Spar-, Konsolidierungs- und Wachstumsprogramms. Dieses Gesetzespaket, welches primär dem Ziel sowohl der Konsolidierung der Finanzen der Sozialversicherungen über die Ausgabenseite als auch der Steuerentlastung der Wirtschaft diente, war darüber hinaus auch durch wesentliche steuerpolitische Änderungen gekennzeichnet. Auf der einen Seite zählten hierzu steuerliche Mehrbelastungen im privaten Einkommensbereich[5], auf der anderen Seite Entlastungen für

---

[4] Versicherungs-, Tabak-, und Mineralölsteuer. Dazu kam die Einführung des Solidaritätszuschlages.
[5] Unter anderem eine Erhöhung der Kfz-Steuer für Autofahrer, Einschränkung privater Nutzung von Dienstfahrzeugen, keine Erhöhung des Kindergeldes.

Unternehmen und Selbständige durch günstigere Steuerregelungen[6] (Wintermann 2005: 178-180). Insgesamt waren die finanzpolitische Entwicklung in den 1990er Jahren und das Ergebnis dieser Entwicklung vor allem dadurch gekennzeichnet, dass die Bundesregierung über die finanziellen Folgen der Wiedervereinigung Fehleinschätzungen zu verschulden hatte, welche in der Folge auch nicht durch kleine Konsolidierungsschritte bewältigt werden konnten. Die Staatsverschuldung stieg unvermindert an, nicht zuletzt durch haushaltspolitische Defizite und einer misswirtschaftenden Finanz- und Steuerpolitik als auch durch Kürzungen von Ausgaben zur Haushaltskonsolidierung auftretende kontraktive statt expansive Effekte (Wintermann 2005: 199-201).

Primär war also die starke Belastung der Sozialversicherungshaushalte Ursache der finanzpolitischen Krise, es kam zu Finanzierungsdefiziten der Arbeitslosen- und Rentenversicherung. Die Einnahmen aus Steuern und Sozialbeiträgen konnten mit den Ausgaben, z.B. arbeitsmarktpolitische Programme und Übertragung von Rentenansprüchen aus der ehemaligen DDR auf die nunmehr gesamtdeutschen Rentenversicherungsträger, nicht Schritt halten. Das entscheidende Defizit hierbei war „das programmatische Festhalten der bürgerlichen CDU/ FDP-Regierungskoalition wider besseren Wissens am Verzicht der Finanzierung der Wiedervereinigung durch Steuererhöhungen" (Wintermann 2005: 267). Obgleich die oppositionellen Sozialdemokraten Steuererhöhungen gefordert hatten, scheiterte dieser Schritt nach Wintermann sowohl am „institutionellen Hemmnis des Föderalismus" zugunsten parteipolitischer Profilierung als auch aus wahltaktischen Gründen (Wintermann 2005: 268). Primäre Ziele nach der Rezession waren in beiden Wohlfahrtsstaaten zwar eine nachhaltige Finanzierungspolitik und eine Konsolidierung der Haushalte, doch verspielte Deutschland diese Möglichkeit durch eine programmatische Dominanz und Konstanz der bürgerlichen Regierungsparteien, die damit übergeordneten Entwicklungspfaden folgte, was eine sachpolitische Umsteuerung ausschloss. Wie bereits erwähnt, wurden die wiedervereinigungsbedingten Finanzierungslasten durch die Erhöhung der Sozialversicherungsbeiträge aufgefangen statt höhere allgemeine Steuern einzuführen.

Dies führte insbesondere in der ersten Hälfte der 1990er Jahre zu einer höheren Gesamt- und Neuverschuldung, ohne eine Konsolidierung erreicht zu haben. Mit der Tendenz zur stärkeren öffentlichen Verschuldung verhielt sich die liberal-konservative Regierungskoalition allerdings entsprechend der Programmatik konservativer Parteien (Wintermann 2005: 269), bewies damit aber auch ihre Unfähigkeit, flexibel, offen und anpassungsfähig zu handeln. Dieses Konzept der programmatischen Flexibilität führte in Schweden zum Erfolg. Ein

---

[6] Z.B. eine Tarifsenkung der Einkommenssteuer, die Absenkung des Solidaritätszuschlages oder steuerliche Entlastungen für Existenzgründer.

weiterer Unterschied zu Schweden bestand darin, dass in Deutschland seit Mitte der 1990er Jahre die Erfüllung der Beitrittskriterien zur Europäischen Währungsunion politisch maßgebend wurde. So gab Deutschland seine finanzpolitische Hoheit an die Europäische Zentralbank ab und unterwarf sich damit der Kontrolle der EZB durch die Verpflichtung, die Maastricht-Kriterien einzuhalten. Gleichzeitig bedeutete dies eine eingeschränkte Handlungsfähigkeit in der nationalen Haushaltspolitik (Wintermann 2005: 272). Nach den Maastricht-Kriterien liegt die Defizitquote des BIP bei 3% und die Bruttoschuldenstandsquote bei 60%.

3.1.2. Schweden

In den 1990er Jahren lösten die aufgekommenen Krisen des über Jahrzehnte gewachsenen und sich veränderten Wohlfahrtsstaates eine finanzpolitische Wende aus, die von den Sozialdemokraten als auch der bürgerlichen Partei getragen wurde. Im Wesentlichen umfasste diese Wende drei Punkte: Erstens die Reform der Alterssicherung, d.h. der Übergang vom leistungsorientierten Rentensystem zu einem Mix aus einer beitragsfinanzierten Rente und einer subsidiären staatlichen Mindestrente. Zweitens eine stabilisierte Geldpolitik, dies meint eine unabhängige Zentralbank, die Festlegung eines Preisstabilitätszieles von zwei Prozent sowie eine Regel des reinen „Inflation Targeting". Und drittens eine Regelbindung der Finanzpolitik, bei der ein Überschuss der Staatseinnahmen über die Ausgaben in Höhe von zwei Prozent des Bruttoinlandsprodukts über einen Konjunkturzyklus hinweg liegt[7].

Den Entwicklungspfad sowie die Strukturmerkmale der finanzpolitischen Wende Ende der 1990er Jahre fasst Wintermann als Ergebnis eines empirischen Vergleichs folgendermaßen zusammen: Sowohl das Ausmaß der Krise als auch die politische Lösung und das Management der schwedischen Finanzkrise konnten im internationalen Vergleich als im positiven Sinne unvergleichbar betrachtet werden. Das erneute Erreichen eines finanzpolitisch nachhaltigen und sachorientierten Politikpfades ab dem Jahr 1998 war das direkte Ergebnis der Konsolidierungspolitik in der ersten Hälfte der Neunziger Jahre im Zusammentreffen mit der effektiven konjunkturellen Erholung. Den sozialdemokratischen Regierungen gelang es nach 1994, den schwedischen Staatshaushalt aus dem Stand aus einer historisch einmaligen Negativposition in eine nachhaltige Überschussposition zu entwickeln. Trotz der Steuerreform Anfang der Neunziger Jahre und der konsequenten Konsolidierung der

---

[7] http://www.auswaertiges-amt.de/diplo/de/Laenderinformationen/Schweden/Wirtschaft.html

Staatsfinanzen durch Erhöhung der Steuern blieb das nominale absolute Umverteilungsvolumen im Rahmen der Steuerpolitik auch bis Ende der Neunziger Jahre beträchtlich und kaum verändert. Dies stand in einem gewissen Gegensatz zu den an einzelnen Personen ansetzenden relativen Umverteilungswirkungen des Einkommensteuertarifs. Hier war speziell Anfang der Neunziger Jahre ein deutlich realer Rückgang zu erkennen. Und schließlich hatten sich die Reformen in ihren zukünftigen finanzpolitischen Folgewirkungen als positiv insofern dargestellt, als dass die Schuldenbelastung zukünftiger Generationen in Folge dieser Reformpolitik zurückging (Wintermann 2005: 198). Insgesamt reagierte Schweden wesentlich flexibler und nach Wintermann damit adäquater auf die kurzfristig und unerwartet eintreffende finanzpolitische Krise durch den Konjunktureinbruch zu Beginn der 1990er Jahre. Die Sozialdemokraten zeigten sich willens, institutionell flexibel zu agieren. Ebenso waren sie „programmatisch und gesetzgeberisch fähig, kurzfristig von der Vollbeschäftigungsmaxime, dem Ziel eines immer weiteren Leistungsausbaus und des autonomen Wohlfahrtsstaates in der Frage des EU-Beitritts abzuweichen" (Wintermann 2005: 277). Es wurde Mut zum Risiko bewiesen, welcher langfristig belohnt wurde.

3.2. Messergebnisse nach Wintermann[8]

Die untersuchten Indikatoren für die Finanzpolitik waren der Haushaltssaldo, der Gesamtschuldenbestand als Anteil am Bruttoinlandsprodukt (BIP), die Kaufkraftparitäten gegenüber dem US-Dollar, die Inflationsrate, die kurzfristigen Zinsen und die Steuerquote von 1990 bis 2000. Wintermann konzediert Schweden in seiner untersuchten Dekade wesentlich bessere Messergebnisse als Deutschland (Siehe Abbildung 1) und damit auch insgesamt eine bessere Reaktion der Wirtschaftspolitik in Hinsicht auf die globale Konjunkturkrise. Der Grund liege vor allem in Schwedens „effektiver Krisenreaktion" durch „programmatische Flexibilität" der Minderheitsregierungen der Neunziger Jahre, wohingegen in Deutschland die langjährige konservative Regierungskoalition an ihrer tradierten und inflexiblen Programmatik festhielte, was im Wesentlichen für den Bereich der Finanzpolitik der Grund für die „dynamisch-negative Entwicklung der Indikatorenwerte" sei (Wintermann 2005: 279).

---

[8] Wintermann untersuchte ein ganzes Set an Indikatoren auf makroökonomischer Ebene für unterschiedliche Politikfelder. Diese Arbeit behandelt nur die Finanzpolitik unter Zuhilfenahme der vorhandenen Ergebnisse, um daran anzuknüpfen.

Der Indikatorenwertevergleich ergibt folgendes Bild (Werte in Prozent):

Abbildung 1: Indikatorenwertevergleich[9]

Politikfeld Finanzpolitik	Deutschland	Schweden
Haushaltssaldo[2]	-1,6	+1,7
Gesamtschuldenbestand/BIP[1]	+56,7	+15,6
Kaufkraftparitäten ggü. $[1]	+13,3	+5,1
Inflationsrate[1]	+22,6	+14,8
Kurzfristige Zinsen[2]	4,4	3,9
Steuerquote[2]	37,9	54,2

1) Prozentuale Änderung 2000 gegenüber 1990; 2) Stand in 2000 bzw. letzt verfügbar

Weiter resümiert Wintermann, dass der deutschen Finanzpolitik eine Umkehr zurück zu einem Konsolidierungspfad zur Eingrenzung öffentlicher Schulden nicht gelungen sei, wohingegen in Schweden dank regelmäßig positiver Haushaltssalden der Schuldenabbau weit voran schritt (Wintermann 2005: 237). Der Verlauf der deutschen Saldenentwicklung ist von negativer Stagnation gekennzeichnet wie der Wert erkennen lässt, dagegen hat Schweden einen Umschwung in der öffentlichen Haushaltspolitik geschafft und diese Entwicklung ab 1997 durch ein entsprechendes Haushaltskonsolidierungsgesetz gestützt. Hinter dem hohen Wert des Gesamtschuldenbestands in Deutschland steht das vergebliche Bemühen, die Wiedervereinigung anfangs noch zu einem beträchtlichen Teil durch Beitragseinnahmen finanzieren zu können. Die Gesamtverschuldung stieg im Verlauf der 1990er Jahre und kollidierte zeitlich mit der Einführung der gemeinsamen europäischen Währung und der vorgelagerten Einhaltung der Maastricht-Kriterien. Der höhere Wert der Steuerquote in Schweden erklärt sich aus der konsequenten Rückkehr zu einer finanzpolitisch soliden Haushaltspolitik ab Mitte der 1990er Jahre „dank" sozialer Leistungskürzungen und Einnahmestärkung (Wintermann 2005: 228-232). Das nächste Kapitel zeigt die Entwicklung finanzpolitischer Indikatorenwerte auf makroökonomischer Ebene in tabellarischer Übersicht für beide Wohlfahrtsstaaten im Zeitraum von 2000 bis 2006 sowie den Durchschnittswert. Quellen der Indikatoren sind das *Statistische Amt der Europäischen Gemeinschaften* (Eurostat) sowie die *Organisation für Wirtschaftliche Zusammenarbeit und Entwicklung* (OECD). Die Auswahl dieser Indikatoren erfolgt analog zu Wintermanns Auswahl für dieses Politikfeld. Die vorangehenden allgemeinen Erläuterungen sind überwiegend Wintermann entnommen (Wintermann 2005: 204-205).

---

[9] Wintermann 2005: 236.

4. Entwicklung finanzpolitischer Indikatoren 2000-2006

Der Haushaltssaldo (Abbildung 2) erlaubt im Vergleich qualitative Beurteilungen der nationalen Finanzpolitik. Einerseits geben sich so Krisensituationen unmittelbar zu erkennen, andererseits ist bei Betrachtung einer längeren Zeitreihe auch eine daran einsetzende oder nicht einsetzende Erholung abzulesen. Langfristig sollte ein positiver Haushaltssaldo erzielt werden.

Abbildung 2: Primärer Haushaltssaldo des Staates in Prozent des BIP[10]

	2000	2001	2002	2003	2004	2005	2006
Schweden	8.0	4.8	1.7	1.2	2.4	4.0	4.2
Deutschland	4.5	0.2	-0.7	-1.1	-1.0	-0.6	1.2

Arithmetisches Mittel Ø: S 3.8; D -0.4   *Quelle: Eurostat, OECD*

Die Entwicklung des öffentlichen Schuldenstandes (Abbildung 3) gibt Auskunft über den Umfang staatlicher Handlungsfähigkeit und den Erfolg staatlicher Konsolidierungsbemühungen. Allgemein gilt: Steigt der Gesamtschuldenstand, wird die staatliche Handlungsfähigkeit über steigende Zinslasten eingeengt. Findet eine finanzpolitische Konsolidierung statt, soll der Gesamtschuldenstand mehrere Jahre nacheinander sinken. In beiden Fällen ist jedoch die Unterschreitung des Maastricht-Kriteriums (60% des Bruttoinlandproduktes) das Idealziel.

Abbildung 3: Öffentlicher konsolidierter Bruttoschuldenstand des Staates in Prozent des BIP[11]

	2000	2001	2002	2003	2004	2005	2006
Schweden	52.8	54.3	52.0	53.5	52.4	52.2	47.0
Deutschland	60.2	59.6	60.3	63.8	65.6	67.8	67.5

Arithmetisches Mittel Ø: S 52.0; D 63.5   *Quelle: Eurostat, OECD*

---

[10] Definition der EU: Der Sektor Staat umfasst den Bund (Zentralstaat), die Länder, die Gemeinden und die Sozialversicherung. Die Daten für den Sektor Staat werden zu den Teilsektoren auf nationaler Ebene konsolidiert. Primärer Haushaltssaldo des Staates: Finanzierungssaldo des Staates ohne konsolidierte Zinsausgaben.

[11] Definition der EU: Der Sektor Staat gliedert sich in die Teilsektoren Bund (Zentralstaat), Länder, Gemeinden und Sozialversicherungen. Das als gemeinsamer Nenner verwendete BIP ist das Bruttoinlandsprodukt zu jeweiligen Marktpreisen. Als Schuldenstand gilt der Nominalwert (Nennwert). Fremdwährungsschulden werden zu Jahresenddevisenmarktkursen in die Landeswährung umgerechnet.

Die Entwicklung der Inflation (Abbildung 4) hängt eng mit der Finanz- und Geldpolitik des Landes zusammen. Tendenziell ist eine niedrige Inflationsrate positiv zu bewerten. Die Höhe der Zinsen bestimmt maßgeblich die Finanzpolitik: Kurzfristig hohe Zinsen fördern ein inflationsfreies Wirtschaftswachstum, das Vertrauen der Kapitalanleger in den Standort sowie eine moderate staatliche Schuldenpolitik. Niedrige Zinsen können zusätzliches Wachstum fördern für den Staat und die privaten Haushalte durch günstige Kreditfinanzierung von Konsum- und Investitionsausgaben. Es waren keine Daten über kurzfristige Zinsen für Deutschland im zu untersuchenden Zeitraum verfügbar, daher entfällt ein Vergleich für diesen Indikator.

Abbildung 4: Inflationsrate[12]

	2000	2001	2002	2003	2004	2005	2006
Schweden	1.3	2.7	1.9	2.3	1.0	0.8	1.5
Deutschland	1.4	1.9	1.4	1.0	1.8	1.9	1.8

Arithmetisches Mittel Ø: S 1.6; D 1.6   *Quelle: Eurostat*

Die Steuerquote (Abbildung 5) gibt die Belastung der privaten Haushalte und der Unternehmen mit staatlichen Abgaben zur Finanzierung seiner Ausgaben an. Eine hohe Quote engt den Spielraum der privaten Haushalte und der Unternehmen ein. Allerdings muss bei der Auswertung die jeweilige institutionelle Gestaltung des Wohlfahrtsstaates (steuer- vs. abgabenfinanziert) beachtet werden.

Abbildung 5: Steuerquote in Prozent des BIP[13]

	2000	2001	2002	2003	2004	2005	2006
Schweden	21.9	19.5	17.5	18.2	19.0	19.8	19.7
Deutschland	12.3	10.9	10.6	10.4	10.0	10.1	10.8

Arithmetisches Mittel Ø: S 19.4; D 10.7   *Quelle: Eurostat, OECD*

---

[12] Die Inflationsrate bzw. harmonisierten Verbraucherpreisindizes (HVPI) wurde für den internationalen Vergleich des Anstieges der Verbraucherpreise geschaffen. Die HVPI werden z.B. von der Europäischen Zentralbank für die Überwachung der Inflation in der Wirtschafts- und Währungsunion sowie für die Beurteilung der Konvergenz der Inflation verwendet.
[13] Die Steuerquote umfasst alle laufenden Zwangsabgaben in Form von Geld- oder Sachleistungen, die regelmäßig vom Staat ohne Gegenleistung auf Einkommen und Vermögen von institutionellen Einheiten erhoben werden. Eingeschlossen sind einige regelmäßig zu entrichtende Steuern, die weder auf das Einkommen noch auf das Vermögen erhoben werden.

Die staatlichen Investitionen (Abbildung 6) beeinflussen das wirtschaftliche Wachstum und bestimmen ganz entscheidend das Maß und die Qualität der Produktionspotenziale des privaten Sektors (private Haushalte und Unternehmen) und damit den künftigen Zustand von Wirtschaft und Gesellschaft. Je nachdem ob der Staat wenig oder viel investiert, beeinflusst dies die gegenwärtigen oder zukünftigen Konsumtionsmöglichkeiten. Objektive Bewertungsmaßstäbe für eine „richtige" oder „angemessene" Investitionsquote gibt es nicht (Bajohr 2003: 203).

Abbildung 6: Staatliche Investitionen in Prozent des BIP[14]

	2000	2001	2002	2003	2004	2005	2006
Schweden	2.9	3.0	3.2	3.1	3.0	3.0	3.1
Deutschland	1.8	1.7	1.7	1.6	1.4	1.4	1.4

Arithmetisches Mittel Ø: S 3.0; D 1.6   *Quelle: Eurostat, OECD*

4.1. Auswertung

Der Verlauf der deutschen Saldenentwicklung (Abbildung 2) ist zeitweilig von negativer Stagnation gekennzeichnet, wohingegen der schwedische Haushaltssaldo durchweg positiv ist, zumal die Haushaltspolitik seit 1997 durch ein entsprechendes Haushaltskonsolidierungsgesetz gestützt wird. Die stark differierenden Durchschnittswerte für den Siebenjahreszeitraum sprechen der deutschen Haushaltspolitik einen Konsolidierungserfolg ab. Bei der Gesamtverschuldung (Abbildung 3) überschreitet der deutsche Staat seit 2002 die Grenze der Maastrichtkriterien von 60% des nominalen BIP und wird seitdem mit Sanktionsverfahren durch die EU-Kommission konfrontiert, während Schwedens Finanzpolitik auf den konjunkturellen Abschwung, der im Jahr 2001 einsetzte, antizyklisch reagierte und weitaus weniger Schulden machte. Die Werte für die Inflationsrate (Abbildung 4) liegen in beiden Ländern um die 2%, in Schweden sogar etwas höher, weisen im Durchschnitt jedoch den gleichen Wert von 1.6% und damit eine relative Preisstabilität auf. Die Inflationswerte für den Zehnjahreszeitraum weisen für Deutschland eine negativere Bilanz auf als für den nordischen Staat, sodass man heute von einer aufholenden Entwicklung sprechen kann. Die Werte der Steuer(last)quote (Abbildung 5) zeigen, dass diese in Deutschland zu den niedrigsten im internationalen Vergleich und im Vergleich zu Schweden

---

[14] Staatliche Investition meint öffentliche Gelder und gliedert sich in Finanzinvestition, Finanzhilfe und Sachinvestition, die eingesetzt wird, um die Produktionsmittel der Volkswirtschaft zu erhalten, zu vermehren oder zu verbessern. Sie beeinflusst das wirtschaftliche Wachstum (Bajohr 2003: 203-204).

zählt. Die oft beklagte Abgabenbelastung in Deutschland ist demnach nicht auf eine Mehrbelastung durch Steuern[15], sondern auf gestiegene Sozialversicherungsbeiträge zurückzuführen (Bajohr 2003: 139). In Schweden sanken antizyklisch bedingt die Steuern 2001 und 2002, dadurch milderte sich das Einnahmewachstum der Wirtschaft, dies führte von einem Haushaltsüberschuss von 5% des BIP zu einem Haushaltsdefizit von 0.5% des BIP. Doch diese in Kauf genommenen Auswirkungen der expansiven Politik führten zu einem gut funktionierenden makroökonomischen Politik-Mix der kleinen offenen Volkswirtschaft (IMK Report 2006: 10). Während in Schweden die staatlichen Investitionen (Abbildung 6) stiegen bzw. stagnierten, sanken diese in Deutschland kontinuierlich um dann ebenfalls zu stagnieren, dies spiegelt sich auch in den jeweiligen Durchschnittswerten wider.

Eine Studie des Instituts für Makroökonomie und Konjunkturforschung (IMK) der Hans-Böckler-Stiftung aus dem Jahr 2006 für Deutschland und Schweden[16] zeigt, dass eine effiziente Makropolitik entscheidend für die Überwindung einer Konjunkturkrise ist. Die Frage, warum Deutschlands Wirtschaft nach einem zweiten weltweiten Konjunktureinbruch 2000/ 2001 stagnierte und sowohl hinter Schweden als auch im internationalen Vergleich zurückblieb, wird sowohl durch die bessere makroökonomische Performance des nordischen Wohlfahrtsstaates erklärt (antizyklische Finanzpolitik) wie auch durch die völlig unterschiedlichen Reaktionen auf den Wachstumseinbruch. Es stellt sich die Frage, ob die RAUS „wiedervereinigungsbedingten Lasten" nach zehn Jahren immer noch ein aktueller Grund für Deutschlands restriktivere Finanzpolitik sind. Weiterhin ist Schweden bis heute kein Mitglied der Europäischen Währungsunion, dennoch sind beide Länder zumindest formal den Regeln des Stabilitäts- und Wachstumspaktes unterworfen und werden entsprechend von der Europäischen Kommission überwacht. Allerdings müsse Schweden als Nichtmitglied der Währungsunion nicht mit finanziellen Sanktionen bei übermäßigen Defiziten rechnen, woraus sich größere Spielräume für die Planung der Haushaltspolitik und für konjunkturstabilisierende Maßnahmen ergäben (IMK Report 2006: 7). Dennoch habe sich der nordische Wohlfahrtsstaat „dem noch ehrgeizigeren Ziel eines überzyklischen Haushaltsüberschusses von 2% des BIP (Zentralstaat) verschrieben", d.h. seit 1997 werden mehrjährige Ausgabenobergrenzen für die Zentralregierung festgelegt (IMK Report 2006: 7).

---

[15] Die Mehrwertsteuererhöhung von 16% auf 19% 2007 ist noch zu aktuell, als dass sich daraus eine empirische Belastung im systemischen Sinne nachweisen ließe.
[16] IMK Report Nr.15, November 2006. In die Studie mit aufgenommen wurde auch Großbritannien, seine Ergebnisse sind hier jedoch nicht weiter relevant.

5. Zusammenfassung/ Abstract

Die relativ schlechte Performance der deutschen Wirtschaft bzw. Finanzpolitik kann im Vergleich mit Schweden für den Siebenjahreszeitraum durch einen restriktiveren makroökonomischen Politik-Mix erklärt werden, aus diesem Grund kann die Forschungsfrage mit Ja beantwortet und die leitende Hypothese verifiziert werden. Der Wachstumseinbruch und die anschließende Stagnation in Deutschland hätten eine rechtzeitigere geldpolitische Reaktion erfordert. Der Versuch, die Defizitziele des Stabilitäts- und Wachstumspaktes durch Ausgabenkürzungen auch im Abschwung einzuhalten, verstärkten diese im Mix mit einer Rücknahme der staatlichen Investitionen eher noch und schwächten so insgesamt das deutsche Wirtschaftswachstum. Schweden hat makropolitisch sehr viel angemessener auf die Rezension reagiert und kann entsprechend eine bessere Performance aufweisen als Deutschland (IMK Report 2006: 10).

This work pointed out the fiscal policy of the two distinctive welfare states Germany and Sweden in a comparative way. The empirical outcome of the indicators dataset concedes Sweden a more efficient ability to a crisis response both in the decade 1990-2000 and in the period of 2000-2006. The main cause for Germany's deficit was the governments' inability in the nineties of the last century to raise the general taxes to the debit of a solid budget.

But differently from Sweden Germany had to manage and reduce financial deficits as a result of the reunification of the two German republics in 1990. Nevertheless the conservative governments made mistakes when they pursued an inflexible policy course.

After the two global recessions around 1990 and 2000 Sweden's fiscal policy had react by an anti cyclic way which is the classic way to come out of a macroeconomic crisis. Germany had burdened the social security's budget with a rising of the social contribution instead of going the anti cyclic way too.

Literaturverzeichnis

Bajohr, Stefan: *Grundriss Staatliche Finanzpolitik.* Opladen (Leske+Budrich) 2002.

Hein, E./ Menz, J./ Truger, A.: *Warum bleibt Deutschland hinter Schweden und dem Vereinigten Königreich zurück? Makroökonomische Politik erklärt den Unterschied.* aus: IMK-Report Nr. 15, November 2006.

Henningsen, B./ Stråth, B.: *Die Transformation des schwedischen Wohlfahrtsstaates. Ende des Modells?* in: Jahrbuch für Politik, 5.Jg, Halbband 2, 1995, S.221-247.

Priewe, Jan: *Leistungsbilanzdefizit der USA.* in: APuZ – Aus Politik und Zeitgeschichte; Hrsg.: Bundeszentrale für politische Bildung, Ausgabe 7/2008.

Schmid, Josef: *Wohlfahrtsstaaten im Vergleich.* Opladen (Leske+Budrich) 2.Auflage 2002.

Schmid, J./ Niketta, R.: *Wohlfahrtsstaat. Krise und Reform im Vergleich.* Marburg (Metropolis-Verlag) 1998.

Wintermann, Ole: *Vom Retrenchment zur Krisenreaktionsfähigkeit. Ein empirischer Vergleich der Wohlfahrtsstaaten Schweden und Deutschland 1990-2000.* Wiesbaden (VS Verlag für Sozialwissenschaften) 2005.

Internet

www.eurostat.de

Aufsatz von Schmid, Josef: *Wohlfahrtsstaaten im Vergleich. Bestandsaufnahme und aktuelle Diskussion.* Universität Tübingen, 2000.